LA
LÉGISLATION DES MINES

DANS SES RAPPORTS

AVEC LES RÈGLES DU CONTRAT DE MARIAGE

PAR

Charles CHOBERT

AGRÉGÉ A LA FACULTÉ DE DROIT DE NANCY

Extrait de la *Revue critique de Legislation et de Jurisprudence*

PARIS

A. COTILLON ET Cᵉ, ÉDITEURS, LIBRAIRES DU CONSEIL D'ÉTAT

24, rue Soufflot, 24

1875

LA

LÉGISLATION DES MINES

DANS SES RAPPORTS

AVEC LES RÈGLES DU CONTRAT DE MARIAGE

PAR

Charles CHOBERT

AGRÉGÉ A LA FACULTÉ DE DROIT DE NANCY

Extrait de la *Revue critique de Législation et de Jurisprudence*

PARIS

A. COTILLON ET Cⁱᵉ, ÉDITEURS, LIBRAIRES DU CONSEIL D'ÉTAT

24, rue Soufflot, 24

1875

PARIS. — IMPRIMERIE ARNOUS DE RIVIÈRE ET C°, RUE RACINE, 26.

LA LÉGISLATION DES MINES

DANS SES RAPPORTS

AVEC LES RÈGLES DU CONTRAT DE MARIAGE.

---

1. La loi du 21 avril 1810 ne s'est occupée, au point de vue du droit civil, ni des minières ni des carrières : toutes les dispositions qu'elle a consacrées à ces deux formes de la richesse minérale sont du domaine du droit administratif. Il en est tout autrement en ce qui concerne les mines : ici, la loi de 1810 a nettement distingué, au point de vue de la propriété, la surface et la mine, le *dessus* et le *dessous*. La mine, lorsqu'elle a été concédée à tout autre que le propriétaire du sol, n'appartient à aucun degré à ce propriétaire; et même lorsque la mine est concédée au propriétaire du sol, elle est entre ses mains une propriété nouvelle, aussi distincte de la propriété de la surface que si le concessionnaire était un étranger n'ayant eu jusqu'à ce moment aucun droit sur le sol.

2. Mais en même temps qu'elle consacre cette distinction entre la surface et la mine, la loi de 1810 a déterminé les droits du propriétaire de la surface : ces droits sont réglés par l'acte de concession, et ont pour objet une redevance dont la quotité est fixée par le même acte.

Cette redevance représente donc pour le propriétaire de la surface et ses ayants cause leur droit sur les produits de la mine; sur cette redevance en même temps que sur la surface porteront désormais les hypothèques et autres droits réels qui grevaient le sol avant la concession; sur elle, en particulier, s'exerceront les droits d'usufruit qui, avant la concession, avaient le sol pour objet.

3. Voilà dans ses traits généraux (et nous avons évité à dessein de les préciser davantage, afin de ne pas préjuger la solution des questions que nous devrons étudier), l'économie de la loi de 1810 au point de vue de la propriété des mines, des droits respectifs des propriétaires de la surface et du concessionnaire.

4. Le contrat de mariage a le plus souvent pour résultat de modifier la condition et les droits des époux au point de vue de la propriété ou de la jouissance de leurs biens. Quelles seront, sous ce double rapport, les conséquences de l'application aux conventions matrimoniales des principes posés par la loi du 21 avril 1810? — Tel est l'objet de cette étude.

C'est surtout lorsque les époux ont adopté le régime de la communauté que notre question, en même temps qu'elle offre plus d'intérêt pratique, présente les plus graves difficultés : nous indiquerons cependant, lorsqu'il sera nécessaire, quelles solutions devraient être admises sous les divers autres régimes reconnus par le Code civil.

§ 1er. — *Des droits respectifs des époux au point de vue de la propriété de la mine et au point de vue de la redevance.*

I. — De la propriété de la mine.

a) Avant la concession :

5. Jusqu'au moment où elle a été l'objet d'une concession, la mine appartient au propriétaire du sol, par application de l'article 552 du Code civil.

Cette première solution, toutefois, est contestée : nous nous contenterons d'indiquer d'une manière sommaire les motifs qui nous portent à l'adopter.

6. Lorsque le législateur, après avoir déclaré que « la propriété du sol emporte la propriété du dessus et du dessous », réservait « les modifications résultant des lois et règlements relatifs aux mines » (art. 552 C. civ.), il n'entendait pas faire allusion à la loi du 28 juillet 1791, aux termes de laquelle « les mines sont à la disposition de la nation » (art. 1); mais, prévoyant l'époque où cette loi, contradictoire dans ses principes et condamnée par l'expérience, serait remplacée par une législation meilleure, « il posait la première pierre d'un autre monument, sur lequel devait reposer

le grand intérêt de l'exploitation des mines..... » (*Exposé des motifs de la loi du 21 avril 1810*, par M. Regnault de Saint-Jean d'Angely, Locré, *Législation de la France*, t. IX, p. 484.)

Dans la première phase de la discussion qui s'éleva au sujet du projet de loi sur les mines, plusieurs membres du Conseil d'État, s'inspirant d'un discours célèbre de Mirabeau, tentèrent de faire prévaloir le droit de l'État sur celui du propriétaire du sol ; mais en citant la loi de 1791, ils auraient dû en rappeler le texte tout entier, car si, d'après cette loi, « les mines sont à la disposition de la nation », c'est « en ce sens seulement que les substances qu'elles renferment ne pourront être exploitées que de son consentement et sous sa surveillance, à la charge d'indemniser..... les propriétaires de la surface » (art. 1). D'ailleurs, l'empereur, dont l'intervention exerça sur cette délibération une influence décisive, rappela que, « d'après le Code Napoléon, la propriété du sol emporte la propriété du dessus et du dessous ». Il faut d'abord, disait-il, poser clairement le principe que la mine fait partie de la propriété de la surface..... (Locré, IX, 153, 161). Il n'est pas douteux que si ces observations ne purent convaincre tous ceux qui les entendaient, au moins décidèrent-elles leur vote. On a vu comment Regnault de Saint-Jean d'Angely, le partisan le plus décidé des droits de l'État (comp. Locré, IX, p. 161, 163), rattache la loi nouvelle à l'article 552 du Code civil ; « on a reconnu, ajoutait-il, qu'attribuer les mines au domaine public, c'était blesser les principes consacrés par l'article 552 du Code civil, dépouiller le citoyen d'un droit consacré, porter atteinte à la grande charte civile, premier garant du pacte social » (*op. cit.*, p. 491).

Telle est bien la pensée qui domine toutes les dispositions de notre loi ; malgré les objections qu'avait soulevées la doctrine défendue par l'empereur, le Conseil d'État et, après lui, le Corps législatif, ont maintenu le principe déjà consacré par le Code civil : aussi fut-il décidé que l'acte de concession réglerait « les droits des propriétaires de la surface sur le produit des mines concédées » (art. 6), disposition qui suppose évidemment le droit du propriétaire du sol, puisque la redevance sera due même à ceux dont les droits sur la surface ne seront, en fait, nullement atteints par la concession.

7. Au point de vue rationnel, est-il difficile de justifier cette théorie?

Nous ne le pensons pas. Ce n'est pas qu'à l'exemple de Turgot, nous considérions la mine comme un simple accessoire de la surface : cette idée suffirait pour expliquer notre opinion, mais elle nous paraît inexacte. La terre est *une;* aucune de ses parties ne peut se réclamer de cette *prœvalentia* que suppose la théorie de Turgot. La mine n'est pas plus l'accessoire du fonds que la futaie ne l'est des terres labourables comprises dans le même domaine, ou le ruisseau à l'égard du taillis qu'il borde ou des prairies que fécondent ses eaux. Nous dirons plutôt : La mine et la surface sont, au même titre, parties intégrantes du sol, parties qui, sans doute, peuvent être séparées, mais qui, tant qu'elles restent unies, doivent appartenir au même propriétaire.

8. La plupart des commentateurs ont adopté cette opinion[1], et peut-être les jurisconsultés et les économistes qui l'ont combattue ont-ils eu en vue ce que, d'après eux, le lélagisteur aurait dû faire, et non pas ce qu'en réalité il a fait[2].

Souvent la jurisprudence, après avoir rappelé dans les motifs de ses décisions le droit du propriétaire de la surface sur la mine[3], a fait de ce principe des applications qui, au point de vue de notre matière, conduisent, entre autres, aux résultats suivants :

Tant que la concession n'a pas eu lieu, la communauté ou l'un des époux, propriétaire du sol, peut demander des dommages-intérêts à quiconque exploiterait indûment la

---

[1] MM. Proudhon, *Traité du domaine privé;* Aubry et Rau, § 192, note 2; § 223, note 26; Demolombe, *Distinction des biens*, t. I, n° 647; Laurent, *Principes de droit civil*, t. VI, n° 247; Bury, *Traité de la législation des mines*, t. I, n°ˢ 24 à 35. — Comp. M. Wolowski, *Revue critique*, t. XXIV, p. 120 et suiv.

[2] Cf. MM. Éd. Dalloz, *De la propriété des mines*, t. I, p. 28 à 33, comp. p. 44; Michel Chevallier, *Journal des économistes*, 1853, p. 288, 289; Troplong, *Revue de législation*, 1848, t. XVIII, p. 147, *Moniteur universel*, 8 octobre 1843.

[3] Motifs d'un arrêt de la Cour de Lyon du 7 décembre 1849 et d'un arrêt de la Cour de Dijon du 29 mars 1854, S. V., 1854, 2, 243.

mine à son préjudice (Cass., 1er févr. 1841, S. V., 1841, 1, 121; Delebecque, *Traité de la législation des mines*, n° 6376).

Les matières qui seraient extraites par un tiers non concessionnaire appartiendraient au propriétaire du sol (C. de cass. de Belgique, 4 févr. 1847).

Si l'immeuble appartenant à l'un des époux avait fait l'objet d'un ameublissement portant sur la propriété même de l'immeuble et qu'une mine soit découverte dans cet immeuble depuis qu'il est entré dans l'actif commun, la communauté aurait droit à la redevance imposée au concessionnaire de la mine au profit du propriétaire de la surface, sans que, à défaut de réserves expresses en ce sens dans le contrat de mariage, l'époux puisse prétendre que la mine, non encore découverte à cette époque, n'avait pas été comprise dans l'ameublissement. (Comp. Cass. req., 14 juillet 1840, S. V., 1840, 1, 910.)

b) Depuis la concession.

9. L'acte de concession « donne la propriété perpétuelle de la mine, laquelle est dès lors disponible et transmissible comme tous les autres biens... » (Art. 7.)

« Les mines sont immeubles... » (Art. 8.)

La concession a donc pour effet de distinguer profondément la mine de la surface et de faire de la mine l'objet d'un droit de propriété indépendant, se suffisant à lui même, si l'on peut ainsi parler. C'est une propriété nouvelle dont la loi de 1810 détermine, comme on vient de le voir, les caractères essentiels.

10. En premier lieu, *les mines sont immeubles.* — « Sont aussi immeubles : les bâtiments, les machines, puits, galeries et autres travaux établis à demeure, conformément à l'article 524 du Code civil ; sont aussi immeubles par destination les chevaux, agrès, outils et ustensiles servant à l'exploitation. Ne sont considérés comme chevaux attachés à l'exploitation que ceux qui sont exclusivement consacrés aux travaux intérieurs des mines. Néanmoins, les actions ou intérêts dans une société ou entreprise pour l'exploitation des mines seront réputés meubles, conformément à l'article 529 du Code civil. » (Art. 8.)

« Sont meubles les matières extraites, les approvisionnements et autres objets mobiliers. » (Art. 9.)

11. Le renvoi de l'article 8 de notre loi à l'article 529 du Code civil doit conduire à n'appliquer cette solution et à ne considérer les actions comme des meubles que « tant que dure la société ». En conséquence, si la célébration du mariage a lieu avant que la société ne soit dissoute, les actions tomberont en communauté (art. 1401-1° C. civ.), et si la société se dissout pendant le mariage, ce sera avec la communauté, et non pas avec l'époux du chef de qui l'action est entrée dans l'actif commun, que se fera la liquidation. Dans le cas, au contraire, où la société serait dissoute lors du mariage, le droit de l'époux associé était déjà converti en un droit de copropriété des biens composant l'actif social; ce droit sera mobilier ou immobilier suivant l'issue du partage, et c'est d'après les résultats de ce partage que l'on devra régler les droits de la communauté et ceux de l'époux (Éd. Dalloz, I, 127; Delebecque, 1221; Bury, II, 1224-1225. Comp. Demolombe, *Dist. des biens*, I, 421 ; Aubry et Rau, 507, 11; Rodière et Pont, I, 406 à 415).

12. Puisque les mines sont immeubles, celle qui, au moment de la célébration du mariage, appartiendrait à l'un des époux lui demeurerait propre (art. 1402 C. civ.), à moins que les époux n'aient adopté le régime de la communauté universelle, ou que la mine n'ait été l'objet d'un ameublissement portant sur la propriété. Si la femme, concessionnaire de la mine, est mariée sous le régime de séparation de biens, elle ne pourra certainement pas aliéner la mine sans l'autorisation de son mari ou de la justice. (Comp. art. 1449, al. 2 et 3, C. civ.) Enfin si les époux ont adopté le régime dotal et que la mine ou le droit dans la société minière déjà dissoute au moment de la célébration appartienne à la femme, on devra appliquer les règles du régime dotal relatives à l'inaliénabilité des immeubles dotaux, et non pas les règles de l'inaliénabilité particulière qui, d'après la jurisprudence et un grand nombre d'auteurs, garantit la restitution de la dot mobilière.

13. Les conséquences multiples que l'on pourrait tirer de la règle posée par l'article 8 se déduisent d'elles-mêmes ; il nous paraît donc superflu de les indiquer.

14. Que si l'on suppose une mine concédée à l'un des époux postérieurement à la célébration du mariage, faut-il considérer cette mine comme un conquêt de communauté, ou la déclarer propre à l'époux concessionnaire ?

D'après un ouvrage récent, auquel ses rares mérites ont assuré dès le premier jour une si légitime autorité, la mine devrait être considéré comme un propre. « Le droit de l'époux résulte de la concession ; cette concession est un acte gratuit du gouvernement, par conséquent c'est une sorte de donation. L'acquisition n'est pas une de ces acquisitions à titre onéreux qui font les acquêts, c'est une acquisition à titre gratuit ; le bien doit être propre. » (M. Colmet de Santerre, *Traité du contrat de mariage*, 28 *bis*, IV.)

15. Nous pensons, au contraire, que la mine tombera dans l'actif de la communauté. Pour l'étabir, nous rappellerons les règles sur lesquelles repose la distinction entre les propres et les conquêts, et sur le caractère même de l'acte de concession.

Dans l'ancien droit, la communauté comprenait en principe tous les « conquêts immeubles faits durant et constant le mariage ». On n'exceptait de cette règle que les immeubles advenus à l'un des époux à titre de succession et ceux qu'il recevait par donation de ses ascendants (cout. de Paris, art. 220 et 246). « Ces dispositions, écrivait Pothier, ne sont pas des dispositions locales ; elles sont puisées dans les principes généraux de la matière de la communauté entre conjoints par mariage, et doivent, par conséquent, être suivies partout où cette communauté a lieu. » (*Traité de la communauté*, n° 168.)

Lorsqu'en 1804 le législateur consacra, comme régime de droit commun, la communauté légale, c'est qu'il reconnut en elle un régime national et, à l'exemple de nos anciens auteurs, la considéra comme l'institution qui répondait le mieux à la nature même du mariage. Sans étendre aux donations faites par des tiers le domaine de l'association conjugale, il conserva les principes rappelés par Pothier, et maintenant encore, relativement aux immeubles advenus aux époux pendant le mariage à titre entièrement nouveau, il est vrai de dire en thèse générale que « la communauté comprend tout » (discours du tribun Duveyrier au Corps législatif, Fenet, XIII, 719).

1.

Telle est la règle :

« La communauté se compose activement :.... 3° de tous les immeubles qui sont acquis pendant le mariage » (art. 1401 C. civ.).

16. Parmi les exceptions apportées par la loi elle-même, se trouve celle qui est relative aux immeubles échus à l'un des époux depuis la célébration du mariage, à titre de donation. C'est là, qu'on nous permette d'insister sur ce point, une disposition exceptionnelle : comme telle, il convient de la limiter aux termes mêmes dans lesquels elle est posée par la loi, et nous ne pourrons l'appliquer à la concession que si nous trouvons dans cet acte les caractères distinctifs de la donation.

Pothier, suivant en ce point la pensée des jurisconsultes romains (cf. L. 1 pr., D., *De donationibus*, 39, 5), définissait la donation « une convention par laquelle une personne, par libéralité, se dessaisit irrévocablement de quelque chose au profit d'un autre qui l'accepte » (*Des donations entre-vifs*, article préliminaire). Dans toute donation on peut donc, avec les interprètes, distinguer trois éléments : de la part du donateur, en premier lieu, un appauvrissement, une diminution de son patrimoine; puis un élément intentionnel que l'on désigne par cette expression : *animus donandi :* il faut que le donateur agisse *par libéralité ;* enfin un enrichissement, un gain réalisé par le donataire. Ainsi à Rome, pour ne parler que de la deuxième condition, à Rome, on ne considérait pas comme une donation le fait par un propriétaire de laisser usurper une chose sans l'intention d'enrichir le possesseur (5, § 15, D., 24, 1); il en était de même du cautionnement ou de la constitution d'un gage par un tiers, si ces actes n'avaient pas été faits *donandi animo* (6, § 2, D., 17, 1).

17. Or, d'une part le gouvernement, lorsqu'il concède une mine, n'aliène rien au profit du concessionnaire, puisque, ainsi que nous avons essayé de l'établir, la mine, avant la concession, n'appartenait pas à l'État, mais au propriétaire de la surface; en second lieu, il est permis de soutenir, nous le verrons, que le concessionnaire ne réalise pas une acquisition purement gratuite; quoi qu'il en soit d'ailleurs, s'il est un point certain, c'est que l'acte de concession n'est pas inspiré par cet *animus donandi* qui porterait le gouvernement

à gratifier le concessionnaire, par conséquent nous ne nous trouvons pas en présence d'une donation.

En ancien droit, il est vrai, le gouvernement a pu accorder des concessions par pure bienveillance, pour venir en aide à quelque grand seigneur et lui procurer les moyens de reconstituer sa fortune compromise ; cependant nos rois ont usé le plus souvent dans des vues plus conformes à .l'intérêt public de ce domaine souverain qu'ils s'étaient attribué sur les mines. Depuis Henri II particulièrement jusqu'à Louis XVI, quel que soit le système qu'ils·aient fait prédominer, ils se sont efforcés, par des mesures dont le mérite peut être contesté, mais dont il faut approuver l'esprit général, d'assurer une fructueuse exploitation des richesses minérales.

Lorsque la loi du 28 juillet 1791 décida que les mines étaient à la disposition de la nation, ce fut pour que l'exploitation en pût être confiée à celui qui était le plus capable de la mener à bonne fin. La loi de 1810 a suivi la même pensée. Toute personne qui forme une demande en concession « doit justifier des facultés nécessaires pour entreprendre et conduire les travaux » (art. 14) ; une enquête doit être faite, des travaux préliminaires sont prescrits : toutes les précautions sont prises par le législateur en vue d'assurer la conservation de l'un des plus importants éléments de la richesse nationale. Un gouvernement manquerait à ses devoirs s'il se laissait guider par d'autres inspirations, et obéissait à des considérations personnelles dans une matière où l'intérêt public doit seul être consulté.

18. On rencontre dans nos lois une situation qui présente une grande analogie avec celle qui nous occupe : nous voulons parler des officiers ministériels. Lorsque le pouvoir confère un office, il semble que le nouveau titulaire reçoive une donation : il n'en est rien. « Au moins en théorie, ces concessions ne sont pas faites *in favorem*, elles doiven être dictées, ainsi que la nomination à des fonctions publiques proprement dites, par des considérations tirées de l'aptitude, du talent de celui à qui la charge est conférée. » (M. Colmet de Santerre, *op. cit.*, 161 *bis*, IV. Comp. Cass., 4 janv. 1853, S. V., 1853, 1, 468). Ainsi en est-il dans notre matière : nous n'aurions pu trouver une expression plu exacte de notre pensée.

19. Est-il besoin maintenant de faire observer que le concessionnaire ne réalise pas, à proprement parler, une acquisition gratuite? Avant d'obtenir la concession, il a dû faire de grands travaux, placer les machines et agrès, ouvrir des galeries, creuser des puits; lorsqu'il aura obtenu la concession, il lui faudra payer des redevances à l'État, à l'inventeur, au propriétaire de la surface, et il pourra être soumis à l'obligation d'acquitter des subventions spéciales pour l'entretien des chemins vicinaux dont il fait un fréquent usage (loi du 21 mai 1836, art. 14). En vérité, si l'on calcule les chances de l'avenir, si l'on réfléchit aux mille causes qui peuvent entraver l'exploitation, si l'on considère que les entreprises de cette nature, même lorsqu'elles réussissent, sont quelquefois de celles qui procurent aux capitaux engagés les moindres bénéfices, on sera obligé de reconnaître que le concessionnaire, s'il n'est pas un acquéreur à titre onéreux, ne reçoit pas néanmoins une pure libéralité. N'a-t-on pas ainsi une preuve nouvelle que, pour le législateur, l'acte qui confère au concessionnaire la propriété de la mine n'est pas une donation? Cet acte doit donc rester sous l'empire de la règle générale, et la mine concédée pendant le mariage doit être considérée comme un conquêt.

20. La décision qui précède, dictée par la nature des choses, est de plus conforme au motif rationnel de l'article 1401-3°. La règle contenue dans ce texte, si elle a sa source dans les traditions historiques, peut se justifier aussi par cette idée que le plus souvent les acquisitions faites pendant le mariage l'auront été à l'aide de valeurs appartenant à la communauté : il est donc équitable d'attribuer à celle-ci les immeubles acquis à titre onéreux depuis la célébration. Cette observation s'applique exactement à notre sujet; les travaux qui ont dû précéder l'obtention de la concession, l'achat du matériel considérable dont le concessionnaire devra se pourvoir, auront donné lieu à des dépenses auxquelles vraisemblablement on aura fait face avec des fonds puisés dans l'actif commun; en vertu même du motif de l'article 1401-3°, la mine concédée pendant le mariage doit tomber dans la communauté[1].

[1] Éd. Dalloz, I, 130; Bury, t. II, p. 1221; Delebecque, p. 1219.

21. Portons pour un moment le débat sur un autre terrain. La règle générale posée par l'article 1401-3° reçoit d'autres exceptions que celle admise pour le cas d'une acquisition réalisée a titre de succestion ou de donation. Ainsi, pour nous en tenir à ce seul exemple, les objets mobiliers, qui sont des démembrements d'un propre sans en être des fruits, forment aussi des propres : à plus forte raison devrait-il en être de même si ce démembrement d'un propre est lui-même un immeuble. En conséquence, semble-t-il, notre question devrait se résoudre par une distinction, et la mine concédée pendant le mariage à l'un des époux serait considérée comme propre ou comme conquêt, suivant que la sol appartiendrait à l'un des époux ou à la communauté. Il n'en est rien cependant, et peu de mots suffiront pour repousser une idée inconciliable avec les principes qui ont guidé les auteurs de la loi de 1810.

22. Nous avons admis (*suprà*, n° 6) qu'avant la concession la propriété du sol comprenait la propriété de la mine comme celle de la surface; mais l'acte de concession opère entre la surface et la mine une séparation telle que désormais la mine a une existence propre, est complétement indépendante de la surface, ne conserve, si l'on peut le dire, aucune trace de son union avec celle-ci, et cela se comprend, car la mine, tant qu'elle n'est pas exploitée, consiste essentiellement dans une masse inerte, qui n'aura une valeur appréciable que par le fait de son exploitation ; aussi, depuis ce moment, la loi la considère-t-elle comme une propriété nouvelle, qui cesse d'être grevée des charges qui la frappaient avant la concession et passe entre les mains du concessionnaire « purgée de tous les droits des propriétaires de la surface et des inventeurs ou de leurs ayants droit » (loi de 1810, art. 17 et 19).

L'acte de concession produit cet effet lórs même que le concessionnaire n'est autre que le propriétaire de la surface (art. 19). Même dans ce cas, tous les droits qui frappaient la mine seront transportés sur la redevance fixée par l'acte de concession : c'est à cette redevance seulement que le propriétaire de la surface aura droit en cette qualité, fût il en même temps le concessionnaire; ses droits sur la mine dérivent uniquement de la concession. Il y a donc ici une

véritable expropriation à raison de laquelle un droit nouveau
est substitué, au profit du propriétaire du fonds, à celui
qu'on lui enlève; quant à ce dernier, s'il reste entre les
mains de ce propriétaire, c'est par une cause indépendante
de son droit antérieur (cf. art. 16, al. 1), auquel, à aucun
point de vue, on ne peut le rattacher.

Il y a plus : suivant la distinction que nous combattons, il
faudrait décider que si, deux époux étant mariés sous le
régime de communauté légale, l'un d'eux obtenait la concession d'une mine dans un fonds appartenant à son conjoint, la
mine appartiendrait, à titre de démembremeut d'un propre,
non pas au concessionnaire, mais au propriétaire de la surface : résultat vraiment singulier et qui semblerait devoir
suffire à lui seul pour faire condamner la théorie dont il
serait la conséquence logique.

23. L'acte de concession donne la propriété de la mine,
laquelle est dès lors *disponible et transmissible* comme tous
les autres biens.

La mine peut donc être l'objet d'un ameublissement portant sur la propriété même (art. 1507, al. 1, et 2), ou ne
mettant la mine en communauté que jusqu'à concurrence
d'une certaine somme (art. 1507, al. 3). Elle peut être donnée ou léguée à l'un des époux ou à tous deux, abandonnée
par leurs père et mère ou autres ascendants aux termes de
l'article 1406 du Code civil, acquise à titre onéreux, à titre
d'emploi ou de remploi (art. 1434-1435 C. civ., *adde* art. 1407
C. civ.). Dans toutes ces hypothèses, la mine constituera un
propre. Lorsque la mine sera tombée dans l'actif de la communauté, elle pourra, après la dissolution et par l'effet du
partage, être attribuée au conjoint de l'époux du chef de
qui elle était devenue bien commun, ou de ses héritiers.
Toutes ces transmissions de la propriété de la mine pro-
duiront leur effet sans qu'il soit nécessaire d'obtenir une nouvelle autorisation du gouvernement. Cette autorisation devra
être demandée seulement lorsqu'il s'agira de vendre la mine
par lots ou de la partager (art. 7 *in fine*). La loi de 1810 n'a
donc pas entendu défendre les aliénations de la mine au profit
de plusieurs, non plus que la vente qui aurait pour objet seulement une part indivise de l'immeuble; on devrait même re-
garder comme valable l'acte qui déterminerait la part de cha-

que concessionnaire dans la propriété de la mine. L'article 7 à voulu défendre uniquement une exploitation partielle; tant que cette exploitation reste *une*, elle s'opère sans fractionnement, comme dans les hypothèses que nous avons rappelées ; la propriété des mines est transmissible sans que la liberté des conventions reçoive d'autres limites que celles qui sont indiquées par les principes généraux du droit [1].

24. La propriété de la mine peut être grevée de toutes les charges qui peuvent atteindre les immeubles; elle serait donc grevée de l'hypothèque légale de la femme mariée, si elle appartenait au mari, ou même si elle était un conquêt de communauté, du moins dans l'opinion d'après laquelle la femme peut faire porter sur les conquêts son droit hypothécaire.

Mais, d'un autre côté, si la mine a été concédée à un tiers, la femme du propriétaire de la surface ne peut pas invoquer son droit de suite contre le concessionnaire (art. 17 et 19). D'ailleurs son hypothèque portera désormais sur la redevance qui, dans le patrimoine de son mari, remplace la mine et est « affectée avec la surface aux hypothèques prises par les créanciers du propriétaire » (art. 18). Que si le mari est en même temps propriétaire de la surface et concessionnaire, l'hypothèque légale de la femme portera tout à la fois sur la surface, sur la mine (art. 7 et art. 19) et sur la redevance (art. 18).

II. — DE LA REDEVANCE.

25. L'acte de concession détermine les droits des propriétaires de la surface sur les produits des mines concédées (art. 6 et 42).

La redevance a été considérée, par les auteurs de la loi de 1810, comme l'équivalent du droit qui appartenait sur la mine au propriétaire du sol, « comme le prix du dessous qui est enlevé à la surface, et pour aider celle-ci à supporter les hypothèques et charges anciennes qui désormais ne pèseront plus que sur cette superficie. Elle tend à conserver au fonds sa valeur, ou à en adoucir la dégradation » (Proudhon, *Du*

---

[1] Bury, t. II, p. 1134; Éd. Dalloz, I, 256; Cass., 10 avril 1854, S. V., 1856, I, 502 ; Cass., 18 novembre 1867, S. V., 1867, I, 419.

domaine privé, II, 777 et suiv.). Elle représentait aussi, dans la pensée des législateurs, le droit de préférence que la loi. de 1791 accordait au propriétaire de la surface (Regnault de Saint-Jean d'Angély, Locré, IX, 494).

Par une exception unique dans notre droit, la redevance, au moins lorsqu'elle reste attachée à la surface, est un droit immobilier. (Comp. art. 18.)

26. Des notions qui précèdent résultent les conséquences suivantes :

Lorsqu'un des époux, au moment de la célébration du mariage, est propriétaire d'une surface à laquelle est attachée une redevance, cette redevance lui demeure propre (art. 1402 C. civ. et loi 1810, art. 18); il en serait autrement si, par suite des conventions matrimoniales, la surface tombait en communauté, sans que l'époux propriétaire de la surface se fût expressément réservé, comme bien propre, la redevance (Proudhon, *op. cit.*, 779).

Si l'on suppose, au contraire, qu'au moment de la célébration du mariage, l'un des époux était concessionnaire d'une mine concédée dans un fonds appartenant à un tiers, la redevance n'entrera pas dans le passif de la communauté (art. 1409-1° *in fine* C. civ.).

27. La redevance due par un tiers concessionnaire, en vertu d'un acte postérieur à la célébration, d'une mine ouverte dans l'immeuble appartenant à l'un des époux, serait propre à cet époux; elle serait un conquêt si la surface était un bien de communauté.

Dans le cas où la mine aurait été concédée à l'un des époux, pendant le mariage, dans un fonds appartenant à un tiers, la redevance constituerait une dette de communauté si, comme nous le pensons, la mine est un conquêt.

28. La redevance, par l'effet de l'acte de concession, demeure réunie à la surface; mais il ne faudrait pas conclure de là qu'elle n'en puisse être détachée, et si, par exemple, en vertu des conventions matrimoniales, la surface et la redevance étaient comprises l'une et l'autre dans l'actif de la communauté, rien ne s'opposerait à ce que, lors de la dissolution du mariage, la redevance fût mise au lot de l'un des époux, la mine au lot de son conjoint.

29. Droit immobilier lorsqu'elle est unie à la surface,

la redevance perd-elle ce caractère lorsque cette union a cessé ?

Les partisans de la négative rappellent qu'en 1810 la redevance a été considérée, au Conseil d'État, comme un droit qui se rattache à la surface, mais sans se confondre avec elle. La redevance remplace pour le propriétaire du sol les droits immobiliers que la concession de la mine lui enlève; c'est un droit analogue à la rente foncière de notre ancienne législation, auquel, malgré sa nature, la loi attribue le caractère de droit immobilier, comme elle a permis aux particuliers de le faire pour les rentes sur l'État et les actions de la Banque de France; en un mot, la redevance est un immeuble par la détermination de la loi et doit conserver cette qualité même lorsqu'elle est détachée de la surface; aussi l'article 18 ne fait-il pas la distinction que l'on propose d'introduire sur ce point[1].

30. L'opinion contraire nous paraît plus conforme aux principes généraux du droit et à la pensée des auteurs de la loi de 1810.

Ce qui préoccupait surtout les conseillers d'État, c'était la situation des créanciers hypothécaires du propriétaire du sol. « Il faut prendre garde, disait Cambacérès[2], qu'un débiteur de mauvaise foi, qui voudra frauder ses créanciers, leur soustraira le tréfonds en obtenant une concession même sans intention et sans espérance de réussir, et réduira leurs hypothèques à la surface qui deviendra d'une valeur à peu près nulle lorsqu'elle sera séparée du tréfonds. »

Ces appréhensions étaient surtout légitimes en présence d'un projet d'après lequel l'acte de concession devait purger, comme le décide l'article 17, tous les droits des propriétaires de la surface et de ses ayants droit; aussi fut-il décidé que « le créancier du propriétaire du sol n'a pas d'hypothèque sur la mine qui est une propriété nouvelle : il a un droit sur la redevance, parce qu'elle est représentative de la propriété du dessous[3]. Tel est le but et tel est aussi le sens

---

[1] MM. Proudhon, n° 779 ; Demolombe, *Distinction des biens*, t. I, n° 649 ; Ballot, *Revue de droit français et étranger*, 1847, p. 417-420 ; Delebecque, p. 709, 1186.

[2] Locré, t. IX, p. 219.

[3] Locré, t. IX, p. 426.

exact de l'article 18, dont le texte même vient à l'appui de notre interprétation. L'article 17 venait de déclarer éteints les droits des créanciers sur la mine : l'article 18 leur accorde la compensation à laquelle ils ont droit, en décidant que la redevance « demeurera réunie à la valeur de la surface (qu'on veuille bien remarquer ces expressions), et sera affectée avec elle aux hypothèques prises sur les créanciers du propriétaire ». Le propriétaire de la surface pourra vendre séparément le sol et la redevance, mais sauf les droits des créanciers [1].

Nulle part, dans la discussion, ne s'est manifestée la pensée d'établir, au profit du propriétaire de la surface, une rente foncière qui constituerait, au profit de ce propriétaire, un droit immobilier, suivant les règles de notre ancien droit ; et, en vérité, il y aurait lieu de s'étonner que, moins de six ans après la promulgation de l'article 529 du Code civil, le législateur ait entendu rétablir avec leur ancien caractère ces rentes foncières dont ce texte a fait un droit mobilier. Ici comme sur tous les autres points, on a voulu maintenir les principes consacrés par le Code civil ; seulement, dans l'intérêt unique des créanciers hypothécaires, la redevance a été réunie à la surface afin qu'elle fût soumise au droit de ces créanciers. Peut-être, sous l'empire de cette idée, le législateur est-il allé plus loin qu'il n'était nécessaire, mais au moins ne sommes-nous pas autorisés à donner à ce texte une portée que ne justifient ni ses termes ni la volonté de ses auteurs.

S'il en est ainsi, lorsque la redevance sera séparée du sol, elle reprendra sa nature propre : ayant pour objet des valeurs mobilières, elle sera désormais considérée comme un droit mobilier. Il convient d'ailleurs de respecter les droits des créanciers qu'avait pour but de protéger l'article 18 : il suffit pour y parvenir de les autoriser à exercer leur droit de préférence sur le prix d'aliénation ou sur les arrérages mêmes de la redevance.

Nous appliquons ici, on le voit, la règle posée en matière d'expropriation pour cause d'utilité publique par la loi du 3 mai 1841, article 54, alinéa 3. L'analogie est évidente

[1] Locré, t. IX, p. 427.

entre les créanciers hypothécaires de l'exproprié et ceux du propriétaire de la surface : les mêmes règles doivent leur être appliquées.

Notre conclusion sera donc, pour revenir à l'objet même de notre étude, que la redevance, lorsqu'elle sera détachée de la surface, devra être traitée, au point de vue des règles du contrat de mariage, comme une valeur mobilière [1].

Si pendant le mariage l'époux concessionnaire aliénait la redevance, le prix ne tomberait en communauté qu'à charge de récompense.

30. Bien qu'aucun texte ne le décide, on reconnaît généralement que les concessionnaires ont le droit de s'affranchir de la redevance en en remboursant le capital. Ce droit leur a été expressément reconnu pendant la discussion de la loi de 1840 au Conseil d'État [2].

Le capital versé par les concessionnaires entre les mains d'un propriétaire de la surface, marié sous le régime de la communauté, tomberait dans la masse commune : aurait-il droit, de ce chef, à récompense?

L'examen de cette question nous obligerait à rechercher, d'une manière générale, quelles sont, sous le régime de la communauté, les conséquences de la conversion d'un bien perpétuel en un bien viager ou temporaire : nous ne saurions l'aborder sans sortir des limites de notre sujet.

§ 2. — *Des droits respectifs des époux au point de vue de la jouissance.*

31. Nous retrouvons ici l'effet principal, déjà plusieurs fois indiqué, de la concession.

L'acte de concession divise en effet, on l'a vu, la propriété du sol en deux parties, en séparant complétement la mine de la surface et en constituant la mine à l'état de propriété nouvelle et indépendante. Désormais la mine sera purgée de toutes les charges qui l'atteignaient lorsqu'elle était unie à la

---

[1] **MM. Rodière et Pont,** t. I, n° 421 ; **Garnier,** *Répertoire de l'enregistrement,* édition de 1875, t. IV, n° 11331 ; **Éd. Dalloz,** I, 428 ; **Bury,** t. I, p. 443 ; Besançon, 12 mars 1857. — Comp. Aubry et Rau, § 165-14 ; P. Pont, *Priviléges et hypothèques,* t. I, n° 370 ; Cass., 24 juillet 1850, S. V., 51, 1, 63.

[2] **Locré,** t. IX, p. 427.

surface; en particulier le droit d'usufruit dont était grevé le sol ne portera plus sur la mine, mais sur la redevance « qui demeurera réunie à la surface »; l'usufruitier du sol ne peut plus prétendre exercer son droit sur les produits de la mine, mais seulement sur les arrérages de la redevance.

C'est donc aux arrérages de la redevance qu'il faut appliquer ce que décide l'article 598 des produits de la mine. Ce texte, en effet, prenait pour point de départ l'idée que l'exploitation des mines, minières et carrières est ou peut être un des modes de jouissance de l'immeuble. Cette idée, encore exacte pour les minières et les carrières, a été écartée, en ce qui concerne les mines, par la loi de 1810, laquelle a modifié sur ce premier point l'article 598.

D'un autre côté, la mine peut être grevée d'un usufruit, en vertu duquel l'usufruitier aura droit aux produits de la mine.

Enfin la redevance elle-même peut être aussi grevée d'un usufruit distinct du droit semblable qui pourrait atteindre la surface à laquelle la redevance a été ou est encore réunie.

32. L'article 598 du Code civil, parlant de l'usufruit d'une mine, décidait que l'usufruitier ne pourrait exercer son droit « qu'après en avoir obtenu l'autorisation du gouvernement ».

D'après Proudhon [1], cette disposition devrait être encore appliquée, même sous l'empire de la loi du 21 avril. Cette opinion, abandonnée même par son auteur [2], ne devait pas en effet prévaloir. La propriété des mines est, en vertu de la loi de 1810, « transmissible comme tous les autres biens » (art. 7); si le concessionnaire peut vendre ou donner sa mine sans que, pour exploiter, l'acquéreur ait besoin d'une nouvelle concession, on doit évidemment reconnaître le même droit à un usufruitier : la seule limite que la loi de 1810 apporte au droit de disposition qu'elle reconnaît au concessionnaire, consiste à lui interdire les actes qui auraient pour effet de diviser l'exploitation [3]. On peut, dans ce sens,

---

[1] *Du domaine privé*, t. II, n° 768.

[2] *De l'usufruit*, t. III, n° 1201.

[3] Demolombe, t. X, p. 435; Marcadé, 598, note 1; Aubry et Rau, §§ 230-33; Rodière et Pont, t. I, 492; Éd. Dalloz, I, 142, 208; Bury, t. II, n° 1126; ordonnance en Conseil d'État du 21 juin 1839, S. V., 1840, 2, 136. Comp. Lyon, 1er juillet 1840, S. V., 41, 2, 34.

citer un avis du Conseil d'État du 24 août 1810, approuvé
par l'empereur le 28 août de la même année.

Nous devons conclure de ce qui précède que lorsqu'une
femme, concessionnaire d'une mine, contracte mariage et
adopte le régime de communauté, le mari peut continuer à
exploiter sans être tenu d'obtenir une nouvelle concession.

33. Pour régler les droits de l'usufruitier d'un fonds sur
les produits de la mine, l'article 598 du Code civil, ainsi que
l'article 1403, qui renvoie à sa disposition, distinguaient
suivant que la mine était en exploitation à l'ouverture de
l'usufruit, ou n'était pas encore ouverte à la même époque.

34. Depuis la loi de 1810, ce n'est plus la mise en exploitation qui distingue la mine de la surface et, donnant à
celle-ci une existence propre, en fait un immeuble suscep-
tible d'être grevé d'usufruit : c'est uniquement l'acte de
concession; il n'y a donc plus lieu de s'attacher au moment
où la mine aura, en fait, été ouverte, pour régler les droits
de l'usufruitier. Si l'acte de concession est postérieur à l'ouverture de l'usufruit, l'usufruitier n'aura pas plus de droit
aux arrérages de la redevance que l'article 598 ne lui en
donne sur les produits de la mine [1]. Suffit-il du moins que
l'acte de concession soit antérieur à l'ouverture de l'usufruit
pour que le droit de l'usufruitier s'étende aux arrérages de
la redevance? Nous le pensons : à partir du moment où la
mine a été l'objet d'une concession, elle est devenue aux
yeux de la loi un bien destiné à produire les matières minérales qu'on en extraira : l'usufruitier de l'immeuble aura
donc droit aux arrérages de la redevance, qui représentent
pour lui les produits de la mine, comme l'usufruitier d'une
terre labourable aurait droit au blé qu'il y pourra récolter,
quand bien même cette terre, quoiqu'elle y fût destinée,
n'aurait pas encore été mise en culture au moment où s'est
ouvert l'usufruit [2].

35. Au point de vue des droits respectifs des époux, nous
nous attacherons au moment où s'est ouvert le droit de
jouissance de la communauté sur l'immeuble dans lequel se

---

[1] M. Colmet de Santerre, *op. cit.*, 28 *bis*, III.

[2] M. Colmet de Santerre, *op. et loc. cit.* — *Contrà*, MM. Demolombe,
t. X, 422; Éd. Dalloz, I, 207; Lyon, 7 décembre 1866, S. V., 67, 2, 6.

trouve la mine, c'est-à-dire soit au moment de la célébration du mariage, soit, s'il s'agit d'une acquisition réalisée
depuis lors, à la date de cette acquisition. Pour plus de sim-
plicité, nous supposerons toujours que le droit de jouissance
de la communauté a commencé au moment de la célébration.

36. Afin de mettre dans les explications qui vont suivre
tout l'ordre nécessaire, nous supposerons d'abord que la
concession de la mine est antérieure à la célébration, puis
qu'elle n'a eu lieu qu'après le même moment.

I. La concession est antérieure à la célébration du mariage.

L'idée qui doit nous guider ici est qu'au moment de la
célébration, le droit de l'époux propriétaire de la surface
était déjà converti en un droit sur la redevance : la communauté ne pourra donc jamais prétendre aux produits de la
mine, mais seulement, s'il y a lieu, aux arrérages de la
redevance.

Une sous-distinction doit être faite.

37. *a*) Le concessionnaire est un tiers.

La redevance, qui tient dans le patrimoine de l'époux propriétaire de la surface la place de la mine, est propre à cet
époux (art. 1402). La communauté, en vertu de son droit de
jouissance, aura droit aux arrérages de la redevance qui en-
treront d'une manière définitive, et sans qu'aucune récompense puisse être réclamée de ce chef, dans l'actif commun
(art. 1403-1°).

Si la surface, dans cette même hypothèse, appartenait à
la communauté en vertu d'une clause d'ameublissement, ou
par suite de l'adoption d'une communauté à titre universel,
le droit à la redevance serait lui-même entré en communauté ; celle-ci aurait donc droit encore aux arrérages, non
plus, il est vrai, en vertu d'un simple droit de jouissance,
mais comme créancière de la redevance.

38. *b*) Le concessionnaire était l'un des futurs conjoints.

Si nous supposons que le propriétaire de la surface est,
soit l'époux concessionnaire, soit son conjoint, nous arri-
verons à la solution suivante :

La surface et la mine sont l'une et l'autre des propres,
dont la communauté a la jouissance. En vertu de son droit

de jouissance sur la surface, la communauté a droit aux arrérages de la redevance : mais elle est débitrice de ces mêmes arrérages, en vertu de son droit de jouissance sur la mine : il s'opère donc dans la communauté, à la fois créancière et débitrice de ces arrérages, une sorte de confusion.

Quant aux produits de la mine, ils tombent dans l'actif commun (art. 1403-1°).

Les mêmes résultats se produiraient si, dans la même hypothèse, la mine ou la surface étaient entrées dans l'actif commun : seulement alors la communauté recueillerait les produits de la mine ou les arrérages de la redevance, non plus comme usufruitière, mais en qualité de concessionnaire ou de propriétaire.

39. II. La mine a été concédée depuis la célébration du mariage.

Il est nécessaire ici encore de distinguer les diverses situations qui peuvent se présenter.

a) Le concessionnaire est un tiers.

Dans aucun cas la communauté n'aura droit aux produits de la mine.

Quant à la redevance, si la surface appartient à l'un des conjoints, la communauté n'aura le droit d'en percevoir les arrérages qu'à la charge de les capitaliser et d'indemniser de ce chef, à la dissolution de la communauté, l'époux propriétaire de la surface (art. 1403-3ᵃ).

Les arrérages tomberaient au contraire dans l'actif commun, sans qu'aucune récompense soit due de ce chef, si la mine était un bien de communauté.

40. *b*) La mine est concédée à l'un des époux, et la surface appartient soit à l'époux concessionnaire, soit à son conjoint.

Plusieurs solutions ont été proposées pour le règlement des droits respectifs de la communauté à des conjoints.

D'après Delvincourt[1], la communauté devrait une récompense dont le chiffre représenterait la différence entre la valeur actuelle du fonds et celle que le fonds aurait eue si la mine n'avait pas été concédée. Delvincourt prenait pour point de départ l'idée que les produits des mines devaient

[1] Édition de 1824, t. III, p. 14, notes.

toujours appartenir à la communauté, même lorsque l'ouverture de la mine avait eu lieu pendant le mariage : c'était en effet la pensée du Tribunat. Dans le projet, le troisième alinéa de l'article 1403 n'existait pas ; le Tribunat obtint qu'on l'y ajoutât, et demandait en même temps que l'alinéa 1er de ce même article portât la mention qu'il s'appliquait uniquement aux mines ouvertes avant le mariage. « Il est à propos, lit-on dans les observations du Tribunat à ce sujet, de s'expliquer sur les mines ouvertes avant le mariage et sur celles ouvertes pendant le mariage : ce que ne faisait pas le projet de loi. La section pense que, dans les deux cas, les produits doivent tomber dans la communauté, mais qu'au second cas, il faut réserver au mari une récompense, s'il avait employé à l'ouverture d'une mine des sommes considérables dont il n'aurait pu être indemnisé par des produits qui n'auraient eu lieu qu'après, et qui seraient néanmoins le résultat de ses avances. La section a pensé aussi qu'il devait être réservé, pour la femme propriétaire du fonds, une indemnité à raison des sommes qu'il faudrait dépenser pour remettre le fonds dans son ancien état, après qu'on en aurait tiré tout ce qu'il aurait été possible d'extraire, et qui serait tombé dans la communauté. Cette récompense et cette indemnité dépendent des circonstances. Voilà pourquoi l'on doit se borner à les annoncer « s'il y a lieu ». (Fenet, XIII, 494 et 606.)

Le Tribunat, dans les observations qui précèdent, confondait deux ordres d'idées qu'il importe de distinguer. La communauté peut être débitrice d'une récompense envers l'un ou l'autre des époux, soit à raison de produits de leurs biens qu'elle a indûment perçus, soit parce qu'elle a tiré un profit des biens personnels de l'époux créancier : la loi règle dans l'article 1436 ce qui se rapporte à ce deuxième chef d'indemnité : c'est uniquement du premier qu'il doit être question dans l'article 1403, et sur ce point la théorie que le Tribunat voulait faire prévaloir, et dont s'était inspiré Delvincourt, ne tenait pas compte de ce texte.

41. Si l'on adoptait cette opinion, disent très-bien MM. Rodière et P. Pont[1], « le troisième paragraphe de l'article 1403

____

[1] *Du contrat de mariage*, t. I, n° 494.

serait en contradiction avec le premier, dans lequel on ne retrouve pas, par une circonstance que la discussion de la loi n'explique pas, les mots *ouverte avant le mariage,* etc., dont le Tribunat demandait l'addition. Le troisième paragraphe, en effet, donnerait à la communauté (sauf la récompense réservée par Delvincourt) les produits des mines ou carrières ouvertes pendant le mariage, tandis que le premier lui refuse virtuellement ce droit, en se référant d'une manière générale aux règles de l'usufruit, en assimilant la communauté à l'usufruitier, qui, d'après l'article 598, n'a aucun droit aux produits des mines non ouvertes avant son entrée en jouissance ». « Donc, ajoutent ces auteurs, pour faire de l'article 1403 une disposition concordante, il faut dire que la récompense dont il s'agit au § 3 consiste dans les produits nets (c'est-à-dire déduction faite des frais d'extraction) des mines et des carrières qui ont été versés dans la communauté, bien que la communauté n'y ait aucun droit, et, par conséquent, que cette récompense est établie en faveur de l'époux propriétaire de la carrière ou de la mine. » (*Loc. cit.*)

En exposant l'opinion à laquelle nous croyons devoir nous arrêter, nous indiquerons quels motifs nous empêchent d'adopter celle dont nous venons de rappeler les termes.

42. Le savant continuateur de M. Demante s'exprime sur notre question de la manière suivante : « Sur ce point nous abandonnons l'article 1403, qui ne voyait pas dans la mine un immeuble distinct et qui refusait d'admettre que l'usufruitier d'un champ pût profiter des extractions minérales produites par l'exploitation d'une mine sous ce champ. Cette idée qu'un champ ne doit pas produire des minerais ou de la houille n'est pas abandonnée par le législateur; mais la combinaison des principes avec la loi de 1810 conduit à un résultat que n'avait pas prévu le Code civil. Nous raisonnons, en effet, non pas sur un usufruit à titre particulier, l'usufruit d'un champ, usufruit qu'on ne saurait faire porter sur un autre immeuble, une mine; mais nous réglons l'usufruit appartenant à une communauté, usufruit portant sur un ensemble de biens; l'époux propriétaire d'un champ devient propriétaire d'un autre immeuble, la mine; cet immeuble est propre, et la communauté, usufruitière de tous les propres, doit avoir l'usufruit de celui-là comme elle aurait l'usufruit d'une maison donnée à un époux et qui serait voisine d'une maison déjà propre à cet époux. La jouissance de la seconde maison ne serait pas la conséquence de la jouissance qui appartiendrait à la communauté sur la première, mais dériverait du droit général de la communauté sur tous les propres des époux [1]. »

43. M. Colmet de Santerre avait écrit quelques lignes plus haut : « Il est évident que si la mine concédée pendant le mariage à l'un des époux est un acquêt, nous n'avons pas à nous occuper de la propriété des produits ; ils appartiendraient à la communauté propriétaire de la mine. »

Voilà pourquoi le système de MM. Rodière et Pont doit être écarté ; lorsqu'en effet, avec ces auteurs, on considère comme un acquêt la mine concédée pendant le mariage, l'époux concessionnaire n'a évidemment aucun droit aux produits de la mine : ces produits appartiennent à la communauté, non pas seulement en vertu d'un droit de jouissance, mais en qualité de propriétaire de la mine.

Est-ce donc à dire que nous abandonnions à notre tour l'article 1403-3° ? Non, assurément : abandonner cet article serait méconnaître une pensée qui a dominé toute la discussion de la loi de 1810. Les auteurs de cette loi ont à maintes reprises protesté de leur désir de ne porter aucune atteinte aux dispositions du Code civil ; pour eux « attaquer la loi civile est toujours une chose fâcheuse, » et, pour l'éviter, ils ont, en sacrifiant leurs préférences, reconnu sur les mines, au profit du propriétaire de la surface, un droit de propriété qui leur paraissait appartenir à l'État [2].

D'ailleurs, il est aisé de concilier l'article 1403 du Code civil avec les principes nouveaux de la loi de 1810.

Dans l'hypothèse que nous étudions, l'époux propriétaire du sol n'a, il est vrai, aucun droit sur les produits de la mine ; mais, d'un autre côté, la communauté, comme propriétaire de la mine, est débitrice de la redevance : elle est tenue de cette dette envers l'époux propriétaire de la surface, et celui-ci, à la dissolution de la communauté, pourra, en vertu de notre texte, réclamer une récompense

[1] M. Colmet de Santerre, *op. cit.*, 28 *bis*, IV.
[2] Rapport au Corps législatif. Locré, t. IX, p. 513.

égale à la totalité des arrérages échus jusqu'à ce moment depuis la date de la concession. Le conjoint de l'époux propriétaire de la surface ne pourrait méconnaître ce droit à une récompense en alléguant que la communauté ayant la jouissance de la surface avait en même temps la jouissance de la redevance qui y demeure attachée ; on lui répondrait victorieusement que, pour demeurer unie à la surface, la redevance n'est pas moins distincte de celle-ci ; que ces deux immeubles ne sont pas nécessairement affectés des mêmes droits, grevés des mêmes charges ; qu'en ce qui concerne en particulier la jouissance de la redevance qui depuis la concession a pris, dans le patrimoine du propriétaire du sol, la place de la surface, elle n'y a droit que dans le cas où la concession serait antérieure à la célébration du mariage (art. 1403-3°). Cette réponse nous paraît décisive et montre comment, au lieu de les sacrifier l'un à l'autre, on peut combiner entre eux les deux ordres de dispositions qui sont ici en jeu.

44. Nous l'avons indiqué : en notre matière, des récompenses peuvent être dues soit par la communauté à l'un ou à l'autre des époux, soit par ceux-ci à la communauté.

Pour nous borner à quelques exemples, et en supposant que la mine est un bien de communauté, tandis que la surface appartient à l'un des conjoints, ou réciproquement, nous déciderons que récompense serait due au concessionnaire à raison des travaux dont, au moment où cesserait l'exploitation, le propriétaire de la surface retirerait une utilité réelle ; ou à raison des produits de la mine, auxquels le concessionnaire aurait eu droit, et qu'il aurait négligé d'extraire (art. 1403-2°).

Au contraire, en vertu de la combinaison de la loi de 1810 avec la théorie des récompenses sous le régime de communauté, le propriétaire de la surface aurait droit à une indemnité à raison des travaux de recherches qui seraient utiles au propriétaire de la mine[1], comme dans tous les cas où les travaux souterrains auraient causé quelque préjudice à la surface[2] : ainsi lorsque la surface aura été amoin-

---

[1] Cf. Conseil d'État, 3 février 1859, S. V., 59, 2, 637.

[2] Comp. Nîmes, 14 janvier 1873 ; C. cass. de Belgique, 30 mai 1872, S. V., 1874, 2, 129, et la note de M. Labbé.

drie [1], les eaux qui lui étaient utiles, taries [2] ou corrompues [3].

Ces différentes indemnités devant être combinées, pourront se compenser réciproquemement et modifieront, s'il y a lieu, le chiffre de la récompense due par suite de l'application de l'article 1403-3° [4]. Dans toutes ces hypothèses s'appliquera la théorie générale des récompenses : nous n'aurions donc pas à insister si un dernier point n'appelait notre attention.

45. L'article 1404 du Code civil, après avoir exclu de la communauté tous les immeubles que les époux possèdent au jour de la célébration, apporte à cette règle l'exception suivante : « Néanmoins, si l'un des époux avait acquis un immeuble depuis le contrat de mariage, contenant stipulation de communauté, et avant la célébration du mariage, l'immeuble acquis dans cet intervalle entrera dans la communauté... »

Certains auteurs ont pensé que ce texte devait être appliqué à la concession de mine obtenue par l'un des époux pendant la période indiquée. Nous n'irons pas jusque-là. Sans doute nous nous sommes refusé à voir dans la concession une libéralité proprement dite; mais d'un autre côté, on ne peut pas davantage la considérer comme un acte à titre onéreux : même si l'on admet que le concessionnaire ne réalise pas une acquisition purement gratuite, au moins doit-on reconnaître que le gouvernement n'aliène rien au profit du concessionnaire, et à aucun point de vue ne devient son débiteur. Le devoir qui incombe au gouvernement de garantir au propriétaire de la mine le libre exercice de ses droits, de le protéger contre les entreprises dont il serait victime, ne le constitue en aucune façon le débiteur de ce propriétaire, et l'intervention de l'autorité publique, si elle se produit, ne sera pas l'équivalent des sacri-

---

[1] Cf. Lyon, 23 mai 1853, S. V., 1854, 2, 727.

[2] Cf. Cass., 8 juin 1869, S. V., 1869, 1, 413; 12 août 1872, S. V., 1872, 1, 353, et la note de M. Labbé.

[3] Cf. Cass., 7 juin 1869, S. V., 1870, 1, 73.

[4] Comp. MM. Rodière et Pont, *op. cit.*, t. I, 494; Aubry et Rau, §§ 511-512; *adde* Demante, *Thémis*, t. VIII, p. 174, note 1.

fices qu'a dû faire le concessionnaire pour obtenir la concession ; en intervenant ainsi, l'autorité publique accomplira une obligation dont elle est tenue à l'égard de tout propriétaire, et à l'exécution de laquelle le concessionnaire n'a aucun droit particulier.

Or, la disposition de l'article 1404, en vertu de laquelle un immeuble acquis avant le mariage entre dans la communauté, est une disposition exceptionnelle : il n'est pas permis de l'appliquer à des hypothèses différentes de celle qu'elle prévoit. Notre texte parle d'une acquisition à titre onéreux : il ne peut s'appliquer au concessionnaire d'une mine, que l'on ne peut, à proprement parler, considérer comme un acheteur.

46. Mais au moins l'époux concessionnaire ne sera-t-il pas débiteur d'une récompense envers la communauté ? L'hésitation est permise. En effet, pourrait-on dire, les sommes d'argent qu'il a dépensées avant d'obtenir la concession seraient entrées dans l'actif de la communauté si, au moment de la célébration, cet argent lui avait encore appartenu : il a donc, en faisant ces dépenses, modifié au détriment de la communauté les éléments de son propre patrimoine : de ce chef il est juste qu'il doive une indemnité. Si l'on décidait autrement, les prévisions de l'époux du concessionnaire seraient trompées, et elles le seraient par le fait de celui-ci. Que l'on suppose de plus qu'au moment de la célébration l'époux concessionnaire n'ait pas encore acquitté les dettes par lui contractées à l'occasion de la mine : ces dettes ne seront à la charge de la communauté que sauf récompense (art. 1409-1° *in fine*), car elles sont relatives à un propre ; comment la situation de l'époux pourrait-elle être modifiée suivant l'époque à laquelle ces dettes auraient été acquittées ?

47. A ces considérations on pourrait répondre : « La communauté, soit légale, soit conventionnelle, commence du jour du mariage contracté devant l'officier de l'état civil. » (Art 1399.) C'est à cette époque qu'il faut envisager les divers éléments dont se compose la fortune des deux époux, pour appliquer à chacun d'eux les règles du régime matrimonial qu'ils ont adopté (art. 1395). Ainsi « tout le mobilier que les époux possédaient au jour de la célébration du mariage,

tous les fruits, revenus, intérêts et arrérages provenant des biens qui appartenaient aux époux lors de la célébration... » entrent dans l'actif de la communauté (art. 1401, al. 1 et 2, — Comp. art. 1401-3°, 1402, 1404, etc.). Ce principe doit être appliqué en général, quelles que soient les modifications qu'ait pu subir en fait le patrimoine des futurs époux, même depuis la rédaction du contrat de mariage : il souffre une seule exception, celle qui est indiquées dans l'article 1404 dont nous avons écarté l'application.

En ce qui concerne spécialement la théorie générale des récompenses, la même idée la domine : il s'agirait en effet d'une indemnité due à la communauté : or celle-ci ne peut avoir à ce titre contre les époux de droits antérieurs à l'époque où elle a commencé à exister, c'est-à-dire au jour de la célébration (art. 1399). C'est seulement à partir de cette époque que sont distingués les biens propres des biens de la communauté, et que l'un des époux peut être réputé avoir tiré de ceux-ci un profit personnel (art. 1437).

L'objection déduite de l'article 1409-1° *in fine* n'est pas concluante : elle s'élèverait aussi en effet si l'on était en présence d'un donataire qui avant la célébration, mais depuis le contrat, aurait reçu à titre gratuit un immeuble, sous l'obligation d'acquitter certaines dettes mobilières qui seraient également payées avant le mariage : en accomplissant l'obligation qui lui avait été imposée, le donataire aurait diminué cette portion de la fortune qui devait tomber dans la communauté, et cependant il semble difficile de le déclarer, de ce chef, débiteur d'une récompense.

48. Dailleurs et sans examiner plus longuement une question dont, à cause de son importance, il y aurait lieu de faire l'objet d'une étude spéciale, la discussion dont nous venons d'indiquer quelques-uns des éléments n'aura guère, en fait, d'application dans notre matière.

Voyons en effet exactement comment les choses auront pu se passer en pratique. De deux choses l'une : ou bien le futur époux de celui qui deviendra concessionnaire a connu la demande que celui-ci avait formée, les dépenses qu'il avait faites; ou bien il l'a ignorée.

Au premier cas, et ce sera le plus habituel, puisque la demande aura été rendue publique (comp. loi de 1810, art. 22 et suiv.), on aura tenu compte de ces circonstances dans le contrat de mariage, et par conséquent à ce point de vue les droits respectifs des parties auront été fixés.

Que si, au contraire, le futur conjoint du concessionnaire avait été tenu dans l'ignorance de la demande en concession, ce ne pourrait être le plus souvent que par suite de manœuvres frauduleuses de ce concessionnaire ; même si l'on écartait cette idée de dol, le concessionnaire, en gardant le silence sur un point aussi important, aurait commis envers son futur conjoint une faute à raison de laquelle il pourrait être tenu de dommages-intérêts (art. 1382).

49. La question que nous venons d'examiner ne s'élèverait pas si l'on supposait qu'entre l'époque où a été rédigé le contrat de mariage et la célébration, l'un des futurs époux aurait acquis une mine d'un concessionnaire antérieur : alors certainement, l'article 1404-2° devrait recevoir son application. Il en serait de même si l'un des futurs conjoints avait, à la même époque, acheté une action ou un intérêt dans une société minière déjà dissoute.

50. Ici s'arrête notre étude : nous aurions pu entrer dans de plus amples détails ; il nous a paru préférable de négliger tous ceux qui ne présentaient pas un réel intérêt ou ne soulevaient pas de sérieuses difficultés. C'est en particulier pour cette raison que nous n'avons pas cru devoir étudier, au point de vue de la jouissance, les droits respectifs des époux sous les régimes autres que celui de la communauté : les questions que nous aurions rencontrées sont indépendantes des règles de ces différents régimes : l'application des principes généraux de la législation des mines suffirait pour les résoudre.

www.ingramcontent.com/pod-product-compliance
Ingram Content Group UK Ltd.
Pitfield, Milton Keynes, MK11 3LW, UK
UKHW021042220726
13924UKWH00001B/478